Le journal de mes réceptions

Ce journal appartient à

....

Si vous l'avez trouvé, merci de l'en informer :

☎ : ....

✉ : ....

Edition : BoD - Books on Demand
12/14 rond-point des Champs Elysées, 75008 Paris
Imprimé par Books on Demand GmbH, Norderstedt, Allemagne
ISBN : 9782322180189
Dépôt légal : janvier 2021

Comment utiliser ce livre ?

C'est vous qui, au fil du temps,
des soirées conviviales, des repas entre amis,
des évènements familiaux et des agapes,
allez écrire ce livre.

Vous compléterez peu à peu
les pages sur vos amis,
qu'il soit en famille ou individuel.

Vous y résumerez chaque soirée :
le nom des convives, l'évènement fêté, le menu,
et tous les petits détails
que vous souhaitez conserver.

Je vous souhaite de joyeuses réceptions
et de belles écritures !

Table des matières

Mes invités :

❦ Les familles et les couples ❦

❦ *Les individuels* ❦

Mes réceptions

Date	Nom	Occasion	Pages
			p.82
			p.84
			p.86
			p.88
			p.90
			p.92
			p.94
			p.96
			p.98
			p.100

Date	Nom	Occasion	Pages
			p.102
			p.104
			p.106
			p.108
			p.110
			p.112
			p.114
			p.116
			p.118
			p.120
			p.122

Date	Nom	Occasion	Pages
			p.124
			p.126
			p.128
			p.130
			p.132
			p.134
			p.136
			p.138
			p.140
			p.142
			p.144

Date	Nom	Occasion	Pages
			p.146
			p.148
			p.150
			p.152
			p.154
			p.156
			p.158
			p.160
			p.162
			p.164
			p.166

Mes recettes

Mes Notes Personnelles

Mes invités :

Les familles

Famille .... ❦

☎ : ....

✉ : ....

Les adultes :

Prénoms	🎂

Les enfants :

Prénoms	🎂

Leurs goûts culinaires :

	👍	👎
Les adultes		
Les enfants		

⚠ Allergies : ....

Régimes particuliers : ....

....

Quelques points importants…

....
....
....
....
....
....
....
....
....
....
....
....
....
....
....
....
....
....
....
....

Famille

☎ : ....

✉ : ....

Les adultes :

Prénoms	🎂

Les enfants :

Prénoms	🎂

Leurs goûts culinaires :

	👍	👎
Les adultes		
Les enfants		

⚠ Allergies : ....

Régimes particuliers : ....

....

Quelques points importants...

Famille ....

☎ : ....

✉ : ....

Les adultes :

Prénoms	🎂

Les enfants :

Prénoms	🎂

Leurs goûts culinaires :

	👍	👎
Les adultes		
Les enfants		

Allergies : ....

Régimes particuliers : ....

....

Quelques points importants...

....

....

....

....

....

....

....

....

....

....

....

....

....

....

....

....

....

....

Famille..

☎ : ....

✉ : ....

Les adultes :

Prénoms	🎂

Les enfants :

Prénoms	🎂

Leurs goûts culinaires :

	👍	👎
Les adultes		
Les enfants		

⚠ Allergies : ....

Régimes particuliers : ....

....

Quelques points importants...

....

....

....

....

....

....

....

....

....

....

....

....

....

....

....

....

....

....

Famille ....

☎ : ....

✉ : ....

Les adultes :

Prénoms	🎂

Les enfants :

Prénoms	🎂

Leurs goûts culinaires :

	👍	👎
Les adultes		
Les enfants		

⚠ *Allergies :* ....

Régimes particuliers : ....

....

Quelques points importants…

Famille ....

☎ : ....

✉ : ....

Les adultes :

Prénoms	🎂

Les enfants :

Prénoms	🎂

Leurs goûts culinaires :

	👍	👎
Les adultes		
Les enfants		

⚠ *Allergies :* ....

Régimes particuliers : ....

....

Quelques points importants...

....
....
....
....
....
....
....
....
....
....
....
....
....
....
....
....
....
....

Famille .... ❦ ♡

☎ : ....

✉ : ....

Les adultes :

Prénoms	🎂

Les enfants :

Prénoms	🎂

Leurs goûts culinaires :

	👍	👎
Les adultes		
Les enfants		

⚠ *Allergies :* ....

Régimes particuliers : ....

....

Quelques points importants...

....

....

....

....

....

....

....

....

....

....

....

....

....

....

....

....

....

....

....

Famille .... ❧

☎ : ....

✉ : ....

Les adultes :

Prénoms	🎂

Les enfants :

Prénoms	🎂

Leurs goûts culinaires :

	👍	👎
Les adultes		
Les enfants		

⚠ Allergies : ....

Régimes particuliers : ....

....

Quelques points importants...

Famille .... ❦

☎ : ....

✉ : ....

Les adultes :

Prénoms	🎂

Les enfants :

Prénoms	🎂

Leurs goûts culinaires :

	👍	👎
Les adultes		
Les enfants		

⚠ *Allergies :* ....

Régimes particuliers : ....

....

Quelques points importants...

....
....
....
....
....
....
....
....
....
....
....
....
....
....
....
....
....
....
....

Famille .... ♥

☎ : ....

✉ : ....

Les adultes :

Prénoms	🎂

Les enfants :

Prénoms	🎂

Leurs goûts culinaires :

	👍	👎
Les adultes		
Les enfants		

⚠ Allergies : ....

Régimes particuliers : ....

....

Quelques points importants...

....
....
....
....
....
....
....
....
....
....
....
....
....
....
....
....
....
....
....
....

Famille .... ✿

☎ : ....

✉ : ....

Les adultes :

Prénoms	🎂

Les enfants :

Prénoms	🎂

Leurs goûts culinaires :

	👍	👎
Les adultes		
Les enfants		

⚠ Allergies : ....

Régimes particuliers : ....

....

Quelques points importants…

Famille .... ✿

☎ : ....

✉ : ....

Les adultes :

Prénoms	🎂

Les enfants :

Prénoms	🎂

Leurs goûts culinaires :

	👍	👎
Les adultes		
Les enfants		

⚠ *Allergies :* ....

Régimes particuliers : ....

....

Quelques points importants...

⸎⸎⸎⸎⸎⸎⸎

....

....

....

....

....

....

....

....

....

....

....

....

....

....

....

....

....

....

....

....

Famille .... ♥

☎ : ....

✉ : ....

Les adultes :

Prénoms	🎂

Les enfants :

Prénoms	🎂

Leurs goûts culinaires :

	👍	👎
Les adultes		
Les enfants		

⚠ Allergies : ....

Régimes particuliers : ....

....

Quelques points importants...

Famille .... 🦋

☎ : ....

✉ : ....

Les adultes :

Prénoms	🎂

Les enfants :

Prénoms	🎂

Leurs goûts culinaires :

	👍	👎
Les adultes		
Les enfants		

⚠ Allergies : ....

Régimes particuliers : ....

....

Quelques points importants…

Mes invités :

Les individuels

Prénom..

☎ : ....

✉ : ....

🎂 : ....

Ses goûts alimentaires :

👍 : ....

....

👎 : ....

....

Allergies : ....

Régime particulier : ....

....

Quelques points importants…

....
....
....
....
....
....
....
....
....
....
....
....
....
....
....
....
....
....

Prénom .... 🦋

☎ : ....

✉ : ....

🎂 : ....

Ses goûts alimentaires :

👍 : ....

....

👎 : ....

....

⚠ *Allergies :* ....

Régime particulier : ....

....

Quelques points importants...

Prénom ....

☎ : ....

✉ : ....

🎂 : ....

Ses goûts alimentaires :

👍 : ....

....

👎 : ....

....

⚠ *Allergies :* ....

Régime particulier : ....

....

Quelques points importants...

Prénom.. 🦋

☎ : ....

✉ : ....

🎂 : ....

Ses goûts alimentaires :

👍 : ....

....

👎 : ....

....

⚠ *Allergies :* ....

Régime particulier : ....

....

Quelques points importants…

Prénom....................................

☎ : ....

✉ : ....

🎂 : ....

Ses goûts alimentaires :

👍 : ....

....

👎 : ....

....

Allergies : ....

⚠

Régime particulier : ....

....

Quelques points importants...

....
....
....
....
....
....
....
....
....
....
....
....
....
....
....
....
....
....
....
....
....

Prénom .... ✿

☎ : ....

✉ : ....

🎂 : ....

Ses goûts alimentaires :

👍 : ....

....

👎 : ....

....

Allergies : ....

⚠ *Régime particulier :* ....

....

58

Quelques points importants...

Prénom .... 🦋

☎ : ....

✉ : ....

🎂 : ....

Ses goûts alimentaires :

👍 : ....

....

👎 : ....

....

⚠ *Allergies :* ....

Régime particulier : ....

....

Quelques points importants...

⁓⁓⁓⁓⁓⁓

....

....

....

....

....

....

....

....

....

....

....

....

....

....

....

....

....

....

....

....

....

Prénom .... 🦋

☎ : ....

✉ : ....

🎂 : ....

Ses goûts alimentaires :

👍 : ....

....

👎 : ....

....

⚠

Allergies : ....

Régime particulier : ....

....

Quelques points importants...

....

....

....

....

....

....

....

....

....

....

....

....

....

....

....

....

....

....

....

Prénom ....

☎ : ....

✉ : ....

🎂 : ....

Ses goûts alimentaires :

👍 : ....

....

👎 : ....

....

Allergies : ....

⚠

Régime particulier : ....

....

64

Quelques points importants…

....

....

....

....

....

....

....

....

....

....

....

....

....

....

....

....

....

....

....

Prénom ....

☎ : ....

✉ : ....

🎂 : ....

Ses goûts alimentaires :

👍 : ....

....

👎 : ....

....

Allergies : ....

Régime particulier : ....

....

Quelques points importants...

....
....
....
....
....
....
....
....
....
....
....
....
....
....
....
....
....
....
....

Prénom .... ✤

☎ : ....

✉ : ....

🎂 : ....

Ses goûts alimentaires :

👍 : ....

....

👎 : ....

....

Allergies : ....

⚠

Régime particulier : ....

....

Quelques points importants...

Prénom ....

☎ : ....

✉ : ....

🎂 : ....

Ses goûts alimentaires :

👍 : ....

....

👎 : ....

....

⚠

Allergies : ....

Régime particulier : ....

....

Quelques points importants...

Prénom..

☎ : ....

✉ : ....

🎂 : ....

Ses goûts alimentaires :

👍 : ....

....

👎 : ....

....

⚠ *Allergies :* ....

Régime particulier : ....

....

Quelques points importants…

....

....

....

....

....

....

....

....

....

....

....

....

....

....

....

....

....

....

....

Prénom .... 🦋

☎ : ....

✉ : ....

🎂 : ....

Ses goûts alimentaires :

👍 : ....

....

👎 : ....

....

⚠ *Allergies :* ....

Régime particulier : ....

....

Quelques points importants…

....

....

....

....

....

....

....

....

....

....

....

....

....

....

....

....

....

....

Prénom .... ✤

☎ : ....

✉ : ....

🎂 : ....

Ses goûts alimentaires :

👍 : ....

....

👎 : ....

....

⚠   *Allergies :* ....

      Régime particulier : ....

....

Quelques points importants...

Prénom.. 🦋

☎ : ....

✉ : ....

🎂 : ....

Ses goûts alimentaires :

👍 : ....

....

👎 : ....

....

Allergies :..

⚠

Régime particulier :..

....

Quelques points importants…

....
....
....
....
....
....
....
....
....
....
....
....
....
....
....
....
....
....
....
....

Mes réceptions

Date : ....

Invités : ....
....

Evènement fêté : ....

Menu

Apéritif		
Entrée		
Plat		
Fromage		
Dessert		

Notes personnelles sur cette soirée

**(ce que j'ai bien réussi, ce que je peux améliorer, ce qui s'est dit,
l'ambiance, la musique, les cadeaux, les potins...)**

Date : ....

Invités : ....

....

Evènement fêté : ....

Menu

Apéritif		
Entrée		
Plat		
Fromage		
Dessert		

Notes personnelles sur cette soirée

(ce que j'ai bien réussi, ce que je peux améliorer, ce qui s'est dit, l'ambiance, la musique, les cadeaux, les potins...)

....

....

....

....

....

....

....

....

....

....

....

....

....

....

....

....

....

....

....

....

....

Date : ....

Invités : ....

....

Evènement fêté : ....

Menu

Apéritif		
Entrée		
Plat		
Fromage		
Dessert		

Notes personnelles sur cette soirée

(ce que j'ai bien réussi, ce que je peux améliorer, ce qui s'est dit, l'ambiance, la musique, les cadeaux, les potins...)

....

....

....

....

....

....

....

....

....

....

....

....

....

....

....

....

....

....

....

....

....

Date : ....

Invités : ....

....

Evènement fêté : ....

Menu

Apéritif		
Entrée		
Plat		
Fromage		
Dessert		

Notes personnelles sur cette soirée

**(ce que j'ai bien réussi, ce que je peux améliorer, ce qui s'est dit,
l'ambiance, la musique, les cadeaux, les potins...)**

Date : ....

Invités : ....

....

Evènement fêté : ....

Menu

Apéritif		
Entrée		
Plat		
Fromage		
Dessert		

Notes personnelles sur cette soirée

(ce que j'ai bien réussi, ce que je peux améliorer, ce qui s'est dit, l'ambiance, la musique, les cadeaux, les potins...)

....

....

....

....

....

....

....

....

....

....

....

....

....

....

....

....

....

....

....

....

....

Date : ....

Invités : ....
....

Evènement fêté : ....

Menu

Apéritif		
Entrée		
Plat		
Fromage		
Dessert		

Notes personnelles sur cette soirée

(ce que j'ai bien réussi, ce que je peux améliorer, ce qui s'est dit, l'ambiance, la musique, les cadeaux, les potins...)

Date : ....

Invités : ....
....

Evènement fêté : ....

Menu

Apéritif		
Entrée		
Plat		
Fromage		
Dessert		

Notes personnelles sur cette soirée

**(ce que j'ai bien réussi, ce que je peux améliorer, ce qui s'est dit,
l'ambiance, la musique, les cadeaux, les potins...)**

....
....
....
....
....
....
....

....
....
....
....
....

....
....
....
....
....
....
....
....

Date : ....

Invités : ....
....

Evènement fêté : ....

Menu

Apéritif		
Entrée		
Plat		
Fromage		
Dessert		

Notes personnelles sur cette soirée

(ce que j'ai bien réussi, ce que je peux améliorer, ce qui s'est dit, l'ambiance, la musique, les cadeaux, les potins...)

....

....

....

....

....

....

....

....

....

....

....

....

....

....

....

....

....

....

....

....

....

Date : ....

Invités : ....

....

Evènement fêté : ....

Menu

Apéritif		
Entrée		
Plat		
Fromage		
Dessert		

Notes personnelles sur cette soirée

(ce que j'ai bien réussi, ce que je peux améliorer, ce qui s'est dit, l'ambiance, la musique, les cadeaux, les potins...)

Date : ....

Invités : ....

....

Evènement fêté : ....

Menu

Apéritif		
Entrée		
Plat		
Fromage		
Dessert		

Notes personnelles sur cette soirée

**(ce que j'ai bien réussi, ce que je peux améliorer, ce qui s'est dit,
l'ambiance, la musique, les cadeaux, les potins...)**

....

....

....

....

....

....

....

....

....

....

....

....

....

....

....

....

....

....

....

....

....

Date : ....

Invités : ....
....

Evènement fêté : ....

Menu

Apéritif		
Entrée		
Plat		
Fromage		
Dessert		

Notes personnelles sur cette soirée

(ce que j'ai bien réussi, ce que je peux améliorer, ce qui s'est dit, l'ambiance, la musique, les cadeaux, les potins...)

Date : ....

Invités : ....
....

Evènement fêté : ....

Menu

Apéritif		
Entrée		
Plat		
Fromage		
Dessert		

Notes personnelles sur cette soirée

(ce que j'ai bien réussi, ce que je peux améliorer, ce qui s'est dit, l'ambiance, la musique, les cadeaux, les potins...)

....

....

....

....

....

....

....

....

....

....

....

....

....

....

....

....

....

....

....

....

....

....

Date : ....

Invités : ....
....

Evènement fêté : ....

Menu

Apéritif		
Entrée		
Plat		
Fromage		
Dessert		

Notes personnelles sur cette soirée

(ce que j'ai bien réussi, ce que je peux améliorer, ce qui s'est dit, l'ambiance, la musique, les cadeaux, les potins...)

....
....
....
....
....
....
....

....
....
....
....
....

....
....
....
....
....
....
....
....

Date : ....

Invités : ....
....

Evènement fêté : ....

Menu

	🍽	🍷
Apéritif		
Entrée		
Plat		
Fromage		
Dessert		

Notes personnelles sur cette soirée

(ce que j'ai bien réussi, ce que je peux améliorer, ce qui s'est dit, l'ambiance, la musique, les cadeaux, les potins...)

Date : ....

Invités : ....

....

Evènement fêté : ....

Menu

Apéritif		
Entrée		
Plat		
Fromage		
Dessert		

Notes personnelles sur cette soirée

(ce que j'ai bien réussi, ce que je peux améliorer, ce qui s'est dit, l'ambiance, la musique, les cadeaux, les potins...)

....

....

....

....

....

....

....

....

....

....

....

....

....

....

....

....

....

....

....

....

....

Date : ....

Invités : ....
....

Evènement fêté : ....

Menu

Apéritif		
Entrée		
Plat		
Fromage		
Dessert		

Notes personnelles sur cette soirée

(ce que j'ai bien réussi, ce que je peux améliorer, ce qui s'est dit, l'ambiance, la musique, les cadeaux, les potins...)

....
....
....
....
....
....
....

....
....
....
....
....

....
....
....
....
....
....
....
....
....

Date : ....

Invités : ....
....

Evènement fêté : ....

Menu

Apéritif		
Entrée		
Plat		
Fromage		
Dessert		

Notes personnelles sur cette soirée

**(ce que j'ai bien réussi, ce que je peux améliorer, ce qui s'est dit,
l'ambiance, la musique, les cadeaux, les potins...)**

Date : ....

Invités : ....
....

Evènement fêté : ....

Menu

Apéritif		
Entrée		
Plat		
Fromage		
Dessert		

Notes personnelles sur cette soirée

(ce que j'ai bien réussi, ce que je peux améliorer, ce qui s'est dit, l'ambiance, la musique, les cadeaux, les potins…)

....

....

....

....

....

....

....

....

....

....

....

....

....

....

....

....

....

....

....

....

....

Date : ....

Invités : ....

....

Evènement fêté : ....

Menu

Apéritif		
Entrée		
Plat		
Fromage		
Dessert		

Notes personnelles sur cette soirée

(ce que j'ai bien réussi, ce que je peux améliorer, ce qui s'est dit,
l'ambiance, la musique, les cadeaux, les potins...)

Date : ....

Invités : ....
....

Evènement fêté : ....

Menu

Apéritif		
Entrée		
Plat		
Fromage		
Dessert		

Notes personnelles sur cette soirée

(ce que j'ai bien réussi, ce que je peux améliorer, ce qui s'est dit, l'ambiance, la musique, les cadeaux, les potins...)

Date : ....

Invités : ....

....

Evènement fêté : ....

Menu

Apéritif		
Entrée		
Plat		
Fromage		
Dessert		

Notes personnelles sur cette soirée

(ce que j'ai bien réussi, ce que je peux améliorer, ce qui s'est dit, l'ambiance, la musique, les cadeaux, les potins...)

Date : ....

Invités : ....

....

Evènement fêté : ....

Menu

Apéritif		
Entrée		
Plat		
Fromage		
Dessert		

Notes personnelles sur cette soirée

**(ce que j'ai bien réussi, ce que je peux améliorer, ce qui s'est dit,
l'ambiance, la musique, les cadeaux, les potins…)**

Date : ....

Invités : ....
....

Evènement fêté : ....

Menu

Apéritif		
Entrée		
Plat		
Fromage		
Dessert		

Notes personnelles sur cette soirée

**(ce que j'ai bien réussi, ce que je peux améliorer, ce qui s'est dit,
l'ambiance, la musique, les cadeaux, les potins…)**

Date : ....

Invités : ....

....

Evènement fêté : ....

Menu

Apéritif		
Entrée		
Plat		
Fromage		
Dessert		

Notes personnelles sur cette soirée

**(ce que j'ai bien réussi, ce que je peux améliorer, ce qui s'est dit,
l'ambiance, la musique, les cadeaux, les potins...)**

....
....
....
....
....
....
....

....
....
....
....
....

....
....
....
....
....
....
....
....
....

Date : ....

Invités : ....
....

Evènement fêté : ....

Menu

Apéritif		
Entrée		
Plat		
Fromage		
Dessert		

Notes personnelles sur cette soirée

**(ce que j'ai bien réussi, ce que je peux améliorer, ce qui s'est dit,
l'ambiance, la musique, les cadeaux, les potins...)**

....

....

....

....

....

....

....

....

....

....

....

....

....

....

....

....

....

....

....

....

Date : ....

Invités : ....

....

Evènement fêté : ....

Menu

Apéritif		
Entrée		
Plat		
Fromage		
Dessert		

Notes personnelles sur cette soirée

(ce que j'ai bien réussi, ce que je peux améliorer, ce qui s'est dit, l'ambiance, la musique, les cadeaux, les potins...)

....

....

....

....

....

....

....

....

....

....

....

....

....

....

....

....

....

....

....

....

....

....

Date : ....

Invités : ....
....

Evènement fêté : ....

Menu

Apéritif		
Entrée		
Plat		
Fromage		
Dessert		

Notes personnelles sur cette soirée

(ce que j'ai bien réussi, ce que je peux améliorer, ce qui s'est dit, l'ambiance, la musique, les cadeaux, les potins...)

....

....

....

....

....

....

....

....

....

....

....

....

....

....

....

....

....

....

....

....

....

Date : ....

Invités : ....
....

Evènement fêté : ....

Menu

Apéritif		
Entrée		
Plat		
Fromage		
Dessert		

Notes personnelles sur cette soirée

(ce que j'ai bien réussi, ce que je peux améliorer, ce qui s'est dit, l'ambiance, la musique, les cadeaux, les potins...)

....

....

....

....

....

....

....

....

....

....

....

....

....

....

....

....

....

....

....

....

....

Date : ....

Invités : ....
....

Evènement fêté : ....

Menu

Apéritif		
Entrée		
Plat		
Fromage		
Dessert		

Notes personnelles sur cette soirée

(ce que j'ai bien réussi, ce que je peux améliorer, ce qui s'est dit, l'ambiance, la musique, les cadeaux, les potins...)

....

....

....

....

....

....

....

....

....

....

....

....

....

....

....

....

....

....

....

....

....

Date : ....

Invités : ....

....

Evènement fêté : ....

Menu

Apéritif		
Entrée		
Plat		
Fromage		
Dessert		

Notes personnelles sur cette soirée

**(ce que j'ai bien réussi, ce que je peux améliorer, ce qui s'est dit,
l'ambiance, la musique, les cadeaux, les potins...)**

Date : ....

Invités : ....
....

Evènement fêté : ....

Menu

Apéritif		
Entrée		
Plat		
Fromage		
Dessert		

Notes personnelles sur cette soirée

(ce que j'ai bien réussi, ce que je peux améliorer, ce qui s'est dit, l'ambiance, la musique, les cadeaux, les potins...)

Date : ....

Invités : ....

....

Evènement fêté : ....

Menu

Apéritif		
Entrée		
Plat		
Fromage		
Dessert		

Notes personnelles sur cette soirée

(ce que j'ai bien réussi, ce que je peux améliorer, ce qui s'est dit, l'ambiance, la musique, les cadeaux, les potins...)

....

....

....

....

....

....

....

....

....

....

....

....

....

....

....

....

....

....

....

....

....

Date : ....

Invités : ....
....

Evènement fêté : ....

Menu

Apéritif		
Entrée		
Plat		
Fromage		
Dessert		

Notes personnelles sur cette soirée

(ce que j'ai bien réussi, ce que je peux améliorer, ce qui s'est dit, l'ambiance, la musique, les cadeaux, les potins...)

....

....

....

....

....

....

....

....

....

....

....

....

....

....

....

....

....

....

....

Date : ....

Invités : ....
....

Evènement fêté : ....

Menu

Apéritif		
Entrée		
Plat		
Fromage		
Dessert		

Notes personnelles sur cette soirée

(ce que j'ai bien réussi, ce que je peux améliorer, ce qui s'est dit,
l'ambiance, la musique, les cadeaux, les potins...)

Date : ....

Invités : ....

....

Evènement fêté : ....

Menu

Apéritif		
Entrée		
Plat		
Fromage		
Dessert		

Notes personnelles sur cette soirée

(ce que j'ai bien réussi, ce que je peux améliorer, ce qui s'est dit, l'ambiance, la musique, les cadeaux, les potins...)

....

....

....

....

....

....

....

....

....

....

....

....

....

....

....

....

....

....

....

....

....

Date : ....

Invités : ....

....

Evènement fêté : ....

Menu

Apéritif		
Entrée		
Plat		
Fromage		
Dessert		

Notes personnelles sur cette soirée

(ce que j'ai bien réussi, ce que je peux améliorer, ce qui s'est dit, l'ambiance, la musique, les cadeaux, les potins...)

....

....

....

....

....

....

....

....

....

....

....

....

....

....

....

....

....

....

....

....

....

Date : ....

Invités : ....
....

Evènement fêté : ....

Menu

Apéritif		
Entrée		
Plat		
Fromage		
Dessert		

Notes personnelles sur cette soirée

(ce que j'ai bien réussi, ce que je peux améliorer, ce qui s'est dit, l'ambiance, la musique, les cadeaux, les potins...)

....

....

....

....

....

....

....

....

....

....

....

....

....

....

....

....

....

....

....

....

....

Date : ....

Invités : ....
....

Evènement fêté : ....

Menu

Apéritif		
Entrée		
Plat		
Fromage		
Dessert		

Notes personnelles sur cette soirée

**(ce que j'ai bien réussi, ce que je peux améliorer, ce qui s'est dit,
l'ambiance, la musique, les cadeaux, les potins...)**

....

....

....

....

....

....

....

....

....

....

....

....

....

....

....

....

....

....

....

....

Date : ....

Invités : ....
....

Evènement fêté : ....

Menu

Apéritif		
Entrée		
Plat		
Fromage		
Dessert		

Notes personnelles sur cette soirée

(ce que j'ai bien réussi, ce que je peux améliorer, ce qui s'est dit, l'ambiance, la musique, les cadeaux, les potins...)

....

....

....

....

....

....

....

....

....

....

....

....

....

....

....

....

....

....

....

....

....

....

Date : ....

Invités : ....
....

Evènement fêté : ....

Menu

Apéritif		
Entrée		
Plat		
Fromage		
Dessert		

Notes personnelles sur cette soirée

(ce que j'ai bien réussi, ce que je peux améliorer, ce qui s'est dit, l'ambiance, la musique, les cadeaux, les potins...)

Date : ....

Invités : ....

....

Evènement fêté : ....

Menu

Apéritif		
Entrée		
Plat		
Fromage		
Dessert		

Notes personnelles sur cette soirée

(ce que j'ai bien réussi, ce que je peux améliorer, ce qui s'est dit, l'ambiance, la musique, les cadeaux, les potins...)

Date : ....

Invités : ....

....

Evènement fêté : ....

Menu

	🍽	🍷
Apéritif		
Entrée		
Plat		
Fromage		
Dessert		

Notes personnelles sur cette soirée

**(ce que j'ai bien réussi, ce que je peux améliorer, ce qui s'est dit,
l'ambiance, la musique, les cadeaux, les potins...)**

Date : ....

Invités : ....
....

Evènement fêté : ....

Menu

Apéritif		
Entrée		
Plat		
Fromage		
Dessert		

Notes personnelles sur cette soirée

**(ce que j'ai bien réussi, ce que je peux améliorer, ce qui s'est dit,
l'ambiance, la musique, les cadeaux, les potins...)**

....

....

....

....

....

....

....

....

....

....

....

....

....

....

....

....

....

....

....

....

....

Mes recettes

Titre de la recette :

....

Ingrédients :

....

....

....

Préparation :

1. ....

2. ....

3. ....

4. ....

5. ....

6. ....

7. ....

8. ....

9. ....

10. ....

Cuisson :

Temps : ....

Thermostat : ....

Titre de la recette :

....

~~~~~~

Ingrédients :

....

....

....

Préparation :

1. ....
2. ....
3. ....
4. ....
5. ....
6. ....
7. ....
8. ....
9. ....
10. ....

Cuisson :

Temps : ....

Thermostat : ....

Titre de la recette :

....

∽∾∽∾∽∾∽∾∽∾∽∾∽∾∽∾∽∾∽∾∽∾∽∾∽∾∽∾

Ingrédients :

....

....

....

Préparation :

1. ....

2. ....

3. ....

4. ....

5. ....

6. ....

7. ....

8. ....

9. ....

10. ....

Cuisson :

Temps : ....

Thermostat : ....

Titre de la recette :

....

~~~~~~

Ingrédients :

....

....

....

Préparation :

1. ....

2. ....

3. ....

4. ....

5. ....

6. ....

7. ....

8. ....

9. ....

10. ....

Cuisson :

Temps : ....

Thermostat : ....

Titre de la recette :

....

Ingrédients :

....

....

....

Préparation :

11. ....

1. ....

2. ....

3. ....

4. ....

5. ....

6. ....

7. ....

8. ....

9. ....

Cuisson :

Temps : ....

Thermostat : ....

Titre de la recette :

....

∽∾∽∾∽∾∽∾∽∾∽∾∽∾∽∾∽∾∽∾∽∾∽∾∽

Ingrédients :

....

....

....

Préparation :

1. ....

2. ....

3. ....

4. ....

5. ....

6. ....

7. ....

8. ....

9. ....

10. ....

Cuisson :

Temps : ....

Thermostat : ....

Titre de la recette :

....

~~~~~~

Ingrédients :

....

....

....

Préparation :

1. ....

2. ....

3. ....

4. ....

5. ....

6. ....

7. ....

8. ....

9. ....

10. ....

Cuisson :

Temps : ....

Thermostat : ....

Titre de la recette :

....

~~~~~~

Ingrédients :

....

....

....

Préparation :

1. ....

2. ....

3. ....

4. ....

5. ....

6. ....

7. ....

8. ....

9. ....

10. ....

Cuisson :

Temps : ....

Thermostat : ....

Titre de la recette :

....

Ingrédients :

....

....

....

Préparation :

1. ....

2. ....

3. ....

4. ....

5. ....

6. ....

7. ....

8. ....

9. ....

10. ....

Cuisson :

Temps : ....

Thermostat : ....

Titre de la recette :

....

~~~~~~

Ingrédients :

....

....

....

Préparation :

1. ....

2. ....

3. ....

4. ....

5. ....

6. ....

7. ....

8. ....

9. ....

10. ....

Cuisson :

Temps : ....

Thermostat : ....

Titre de la recette :

....

Ingrédients :

....

....

....

Préparation :

1. ....

2. ....

3. ....

4. ....

5. ....

6. ....

7. ....

8. ....

9. ....

10. ....

Cuisson :

Temps : ....

Thermostat : ....

Titre de la recette :

....

~~~~~~

Ingrédients :

....

....

....

Préparation :

1. ....

2. ....

3. ....

4. ....

5. ....

6. ....

7. ....

8. ....

9. ....

10. ....

Cuisson :

Temps : ....

Thermostat : ....

Titre de la recette :

....

≈≈≈≈≈≈≈≈≈≈≈≈≈≈≈≈≈≈≈≈≈≈≈≈≈≈≈

Ingrédients :

....

....

....

Préparation :

1. ....

2. ....

3. ....

4. ....

5. ....

6. ....

7. ....

8. ....

9. ....

10. ....

Cuisson :

Temps : ....

Thermostat : ....

Titre de la recette :

....

~~~~~~

Ingrédients :

....

....

....

Préparation :

1. ....

2. ....

3. ....

4. ....

5. ....

6. ....

7. ....

8. ....

9. ....

10. ....

Cuisson :

Temps : ....

Thermostat : ....

Notes personnelles

Coordonnées et horaires des magasins

Magasin : ....

Téléphone : ....

Horaires: ....

Jour de fermeture : ....

Magasin : ....

Téléphone : ....

Horaires: ....

Jour de fermeture : ....

Magasin : ....

Téléphone : ....

Horaires: ....

Jour de fermeture : ....

Magasin : ....

Téléphone : ....

Horaires: ....

Jour de fermeture : ....

Magasin : ....

Téléphone : ....

Horaires: ....

Jour de fermeture : ....

Magasin : ....

Téléphone : ....

Horaires: ....

Jour de fermeture : ....

Vérification du stock

Vaisselle jetable :

- *Gobelets*
- *Assiettes*
- *Couverts*
- *Serviettes*
- *Nappe en papier*

- ....

- ....

Linge de maison :

- *Nappe en tissu – chemin de table*
- *Serviettes en tissu*
- *Gants de cuisine*
- *Torchons*
- *Serviettes en éponge invité*

- ....

- ....

Si barbecue :
- *Charbon de bois*
- *Petit bois*
- *Allume feu*

- ....

- ....

Divers :

- *Papier toilette*
- *Savon liquide pour les mains*

- ....

- ....

- ....

- ....

- ....

- ....

- ....

- ....

- ....

- ....

- ....

- ....

- ....

Dates d'anniversaire

Janvier

....

....

....

Février

....

....

....

Mars

....

....

....

Avril

....

....

....

Mai

....

....

....

Juin

....

....

....

Juillet

....
....
....

Aout

....
....
....

Septembre

....
....
....

Octobre

....
....
....

Novembre

....
....
....

Décembre

....
....
....

Autres dates importantes

Date	Evènement

Date	Evènement

Sujet de la note :

....

❦❦❦

....
....
....
....
....
....
....
....
....
....
....
....
....
....
....
....

Sujet de la note :

....

❧❧❧❧❧

....
....
....
....
....
....
....
....
....
....
....
....
....
....
....

Sujet de la note :

....

❧❧❧

....
....
....
....
....
....
....
....
....
....
....
....
....
....
....
....
....

Sujet de la note :

....

✦❦✦❦✦

Sujet de la note :

....

....

....
....
....
....
....
....
....
....
....
....
....
....
....
....
....

Sujet de la note :

....

⋘⋙

Sujet de la note :

....

....

....

....

....

....

....

....

....

....

....

....

....

....

....

....

....

Sujet de la note :

....

❦❦❦

....
....
....
....
....
....
....
....
....
....
....
....
....
....
....
....
....
....

Sujet de la note :

....

❧❧❧❧❧❧

....
....
....
....
....
....
....
....
....
....
....
....
....
....
....
....
....

Sujet de la note :

....

⁂

....
....
....
....
....
....
....
....
....
....
....
....
....
....
....
....
....
....

Retrouvez dans la même collection :

➢ Le journal de mes invitations
➢ Le journal de mes souvenirs d'enfance
➢ Le journal de ma thérapie
➢ Le journal de mes voyages
➢ Le journal de mes sorties culturelles
➢ Le journal de mes balades et randonnées
➢ Le journal de mes sorties au restaurant
➢ Le journal de mes musiques préférées
➢ Le journal des phrases et citations que j'aime

Retrouvez chez le même éditeur :

Pour vous accompagner dans vos régimes alimentaires, je vous recommande les livres de Cédric Ménard, diététicien-nutritionniste :

Sur son site internet :

www.cedricmenarddieteticien.com

vous pourrez commander le carnet diététique qui correspond à votre profil.

A bientôt.